RECOURS

A M. LE MINISTRE DE LA MARINE

ET DES COLONIES,

POUR

LE SIEUR VALERY AGATHE,

DÉPORTÉ ET MIS EN SURVEILLANCE SANS JUGEMENT, PAR LE GOUVERNEUR DE LA MARTINIQUE.

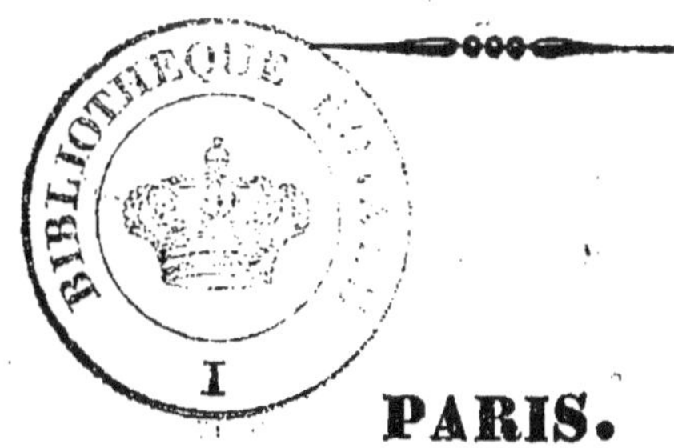

PARIS.

IMPRIMERIE DE DEZAUCHE,

RUE DU FAUBOURG-MONTMARTRE, N° 11.

OCTOBRE 1834.

RECOURS

A M. LE MINISTRE DE LA MARINE

ET DES COLONIES,

POUR

LE SIEUR VALERY AGATHE,

MAITRE MAÇON ET PROPRIÉTAIRE,

DOMICILIÉ AU VAUCLIN (MARTINIQUE),

CONTRE UN ARRÊTÉ DU GOUVERNEUR DE CETTE COLONIE EN DATE DU 1er AOUT 1834.

MONSIEUR LE MINISTRE,

L'exposant vous défère un acte de M. le gouverneur de la Martinique, attentatoire à sa liberté individuelle, contraire aux lois et ordonnances, vicié d'abus de pouvoir et d'empiètement sur l'autorité judiciaire. Cet acte est ainsi conçu :

« Nous, gouverneur de la Martinique,

« *Vu l'article* 75 *de l'ordonnance royale du* 9 *fé-*
« *vrier* 1827;

« Vu la délibération du conseil privé, en date du « 1er juillet dernier, portant qu'il y a *prévention suf-* « *fisante* contre le sieur Valery Agathe, domicilié, « *sans profession,* au Vauclin, d'avoir troublé grave- « ment et à plusieurs reprises l'ordre public par des « provocations de duel, des injures et des menaces « envers plusieurs habitans de sa commune et des « communes voisines;

« Vu le mémoire en défense produit par le sieur « Valery Agathe et signé de lui;

« *Sur la proposition du directeur de l'administra-* « *tion intérieure;*

« Et de l'avis du conseil privé (où siégeaient MM. Halgan, Nogues, de Rosily, Chancel, Reynouard);

« Avons arrêté et arrêtons ce qui suit :

« Art. 1er. Le sieur Valery Agathe est exclu de la « commune du Vauclin, et se rendra immédiatement « au Fort-Royal pour y demeurer pendant un an, « *sous la surveillance de la haute police;*

« Art. 2. Le directeur de l'administration inté- « rieure est chargé de l'exécution du présent arrêté, « qui sera inséré au Bulletin officiel et publié dans « les journaux de la colonie.

« Fait en l'hôtel du gouvernement, au Fort-Royal « Martinique, le 1er août 1834.

« *Signé* Halgan.

« Par M. le gouverneur :

« *Le directeur de l'administration intérieure,*

« *Signé* le Vte de Rosily. »

Conformément à l'article 80 de l'ordonnance du 9 février 1827, cet arrêté avec les pièces justificatives a dû être adressé au ministère de la marine.

Conformément au même article, un recours direct devant le ministre de la marine est ouvert aux parties intéressées, contre les mesures prises en vertu *des pouvoirs extraordinaires* du gouverneur. C'est ce recours que l'exposant exerce par la présente requête.

Sa plainte élevée vers vous, monsieur le ministre, est un cri d'alarme à l'approche d'un grand danger. La révolution de Juillet avait amorti ou comprimé les mauvaises passions des blancs, mais depuis leur triomphe dans le procès de la Grand'Anse, une réaction marquée a commencé, qui se traduit en actes de violence arrachés à la faiblesse ou à la complicité du gouverneur. Après la décimation par l'échafaud, par les bagnes, par les procès de conspirations, c'est *une loi de suspects* que l'on fait administrativement et qu'on exécute par la déportation administrative, sous les plus odieux, sous les plus frivoles prétextes. L'exposant est la première victime ; où s'arrêtera-t-on dans cette voie d'arbitraire effrayant?

Le sieur Valery Agathe, qualifié *sans profession*, est déclaré *suffisamment prévenu* d'avoir troublé l'ordre par des provocations de duel, des injures et des menaces. On pourrait croire, d'après ces imputations, que le sieur Valery-Agathe n'a d'autre état que celui de duelliste, que c'est un homme de désordre et sans consistance sociale. Voici la vérité.

Le sieur Valery Agathe est un père de famille, marié, domicilié, *maître-maçon de son état*, et propriétaire d'une habitation cafeyère, sise au Vauclin.

Aussi la citation à lui donnée le 2 juillet pour comparaître devant le conseil privé ne se bornait pas, comme l'arrêté, à cette simple accusation.

Trois autres chefs étaient ajoutés, et des plus curieux. Valery Agathe était encore *suffisamment prévenu :*

1° *D'être, suivant la notoriété publique, le chef d'une réunion suspecte de vingt à vingt-cinq individus, laquelle aurait lieu périodiquement et de nuit sur l'habitation d'un sieur Édouard Luce.* En d'autres termes, il était *suspect* de présider une réunion *suspecte*. Ce qui confirme bien ce que nous avons dit d'une véritable loi de suspects mise en vigueur à la Martinique par M. le gouverneur et son conseil privé.

2° *De s'être présenté au domicile de M. Goujon, propriétaire au Vauclin, et de l'avoir injurié* GRATUITEMENT *et menacé de son sabre.* Gratuitement! Goujon, en détournant madame Valery de ses devoirs d'épouse et de mère, avait fait au mari un outrage qui chez nous même ne peut être lavé que dans le sang, un outrage qui devient l'excuse du meurtre aux yeux de la loi pénale. O blancs! souffrir vos oppressions, vos cruautés, vos paillardises, et se taire! toujours souffrir, et toujours se taire!

3° *D'avoir également insulté chez lui M. Robert Dabadie, de la rivière Pilote, et de l'avoir consigné dans son domicile, en le menaçant de lui couper la figure avec une rigoise partout où il le rencontrerait.* Robert Dabadie! c'était le débiteur de Valery Agathe, pour une somme de 3,050 francs. Ce dernier a eu l'insolence de vouloir être payé! Créancier incommode, il devait être *jeté par les fenêtres*, comme faisaient les grands seigneurs de l'ancien régime; ou tout au moins *envoyé aux grandes Indes*, comme faisait lord Rochester. On proposa seulement au gouverneur de le déporter administrativement à Fort-Royal, et de l'y placer sous la surveillance de la haute police.

Ces trois dernières accusations ne figurent pas, il est vrai, dans l'arrêté comme établies à la charge de l'exposant; mais elles ont été, sans aucun doute, le motif déterminant de la mesure prise contre lui. C'est *pour la rédaction* de l'arrêté qu'on a préféré l'imputation d'avoir *troublé l'ordre* par des provocations, des injures, des menaces.

Motif admirable, en effet, et qui rentre si bien dans l'arbitraire vague de l'article 75 de l'ordonnance du 9 février 1827, sur lequel on se fonde! Car dans cet article, rien de positif ni de défini. Il établit des peines, et ne détermine pas les faits punissables. Il est assez évident qu'un acte quelconque de la vie privée ou publique d'un citoyen, même le plus paisible, si on veut *se débarrasser de lui*, peut motiver l'imputation d'*avoir compromis ou troublé la tranquillité publique*. Ils m'appellent *tison d'enfer*; que voulez-vous que je leur réponde? disait Pascal.

Que voulez-vous aussi que réponde un homme accusé d'avoir troublé ou compromis la tranquillité publique? Nous ne pouvons donc aucunement discuter la mesure sous le rapport des faits qui en ont été l'occasion ou le prétexte. Nous remarquons seulement qu'il a suffi à l'exposant, comme à tant d'autres, d'être *véhémentement soupçonné* du fait *quelconque* à lui imputé, pour encourir les rigueurs salutaires de M. le gouverneur. Ce dernier se constituait juge de délits caractérisés; il substituait son tribunal administratif aux tribunaux de justice; il y citait l'exposant. Il devait donc se conformer en tout aux règles judiciaires, et se souvenir qu'une des plus simples notions de la justice est d'avoir *conviction* contre l'accusé que l'on condamne, et non pas *prévention suffisante*, ou *soupçon véhément*.

La discussion ne peut porter, on le voit, que sur des questions légales. Cette affaire en soulève plusieurs.

I. En premier lieu, cette loi de suspects, *on la fait administrativement*, avons-nous dit. C'est qu'en effet elle n'existe pas *au nombre des lois*. Quel est le texte visé par l'arrêté? L'article 75 de l'ordonnance du 9 février 1827, ainsi conçu : « Dans les circons-« tances graves, et lorsque le bon ordre ou la sûreté « de la colonie le commande, le gouverneur peut « prendre, à l'égard des individus de condition libre « qui compromettent ou troublent la tranquillité « publique, les mesures ci-après, savoir : 1° l'exclu-« sion pure et simple d'un des cantons de la colonie; « 2° la mise *en surveillance* dans un canton déter-

« miné.... 3° l'exclusion de la colonie à temps ou illi-« mitée. » C'est donc en vertu d'*une ordonnance* que s'exerce la déportation administrative ou la mise en surveillance. Cependant c'est là un des objets rangés dans le domaine de *la loi* par celle du 24 avril 1833, constitutive du nouveau régime des colonies, laquelle s'exprime ainsi (art. 2) : « Seront faites par le « pouvoir législatif du royaume.... 2° les lois civiles « et *criminelles* concernant les personnes libres.... « 3° les lois qui règleront les pouvoirs spéciaux des « gouverneurs en ce qui est relatif *aux mesures de* « *haute police et de sûreté générale....* » Et en attendant la confection de ces lois, l'art. 24 prononce l'abrogation absolue « de *toutes dispositions* de lois, « édits, déclarations du roi, *ordonnances royales*, « et *autres actes actuellement en vigueur* dans les « colonies, en ce qu'elles ont de contraire à la « présente. »

On peut dire, en argumentant de la nécessité politique ou gouvernementale, que jusqu'aux lois à intervenir, les ordonnances doivent être exécutées, même lorsqu'elles statuent sur des matières législatives. Nous répondrons d'abord que lorsqu'il s'agit de peines ou d'interdiction des droits civiques ou constitutionnels des citoyens, les raisons de cette nature ne peuvent prévaloir sur des textes impératifs. Or, il y a, par l'article 24 précité, abrogation absolue, immédiate, sans restrictions ni réserves, *de toutes ordonnances en vigueur au moment où fut promulguée la loi constitutive*, et qui se trouvent aujourd'hui contraires à cette loi. En second lieu, serait-il vrai de dire que les ordonnances dussent continuer de s'exécuter dans un provisoire dont on n'aperçoit pas facilement le terme? Nous le concevrions à l'égard des dispositions pour ainsi dire de *première nécessité*, sans lesquelles il n'y aurait pas d'administration possible. Nous ne saurions le concevoir pour des dispositions mortes dès à présent, et qui ne doivent pas retrouver place dans la révision *législative* du Code pénal colonial; notamment pour cette faculté arbitraire, s'exerçant sous le bon plaisir du gouverneur, de parquer les citoyens dans un lieu déterminé, de les y soumettre à la surveillance de la police, et même de les arracher à leur famille, à leur pays, par l'exil hors de la colonie. C'est là cet article 75 sur lequel s'appuie l'arrêté dénoncé. Nos législateurs ne laisseront-ils pas dans l'oubli où elle aurait dû rester une semblable monstruosité?

II. En second lieu, M. le gouverneur procède *sur la proposition du directeur de l'administration intérieure*. C'est une violation formelle de l'art. 81 de l'ordonnance sur laquelle il s'appuie. Cet article est ainsi conçu : « Le gouverneur *a seul l'initiative* des « mesures à prendre en vertu des pouvoirs extraor- « dinaires qui lui sont conférés, il en est person- « nellement responsable. » On conçoit assez que l'exercice de pouvoirs aussi illimités que ceux dits *extraordinaires* ne doive résider que dans la main du gouverneur, et sous sa responsabilité personnelle. M. le gouverneur a permis, au contraire, qu'un agent subordonné s'immisçât dans sa prérogative ; et cet agent n'a pas craint de l'usurper. D'où il suivrait qu'au lieu *d'un dictateur*, les colonies en auraient autant qu'il s'y trouverait de fonctionnaires disposés à profiter de la faiblesse du gouverneur, et à surprendre des mesures que lui-même n'aurait pas jugées nécessaires.

III. Enfin, quelle est la mesure en elle-même? « Le « sieur Valery Agathe est exclu de la commune du « Vauclin, et se rendra immédiatement au Fort-« Royal, *pour y demeurer, pendant un an, sous la* « *surveillance de la haute police.* »

Ici, on s'est trouvé à l'étroit dans l'arbitraire pourtant si large de l'art. 75. Il autorise *la mise en surveillance* dans un canton déterminé, c'est-à-dire la simple faculté pour le gouvernement d'assigner *aux suspects* un lieu de résidence où il pourra épier leur conduite ; et ce que l'arrêté ordonne, *c'est la surveillance de la haute police !* c'est *une peine*, et une peine infamante, définie par le Code pénal (art. 6, 11, 44 et suivant) accessoire des condamnations les plus flétrissantes, et qui, dans l'exécution, oblige le condamné à faire ignominieusement acte périodique de présence au bureau de police!

Nul ne peut être frappé d'une peine si ce n'est par ses juges naturels, après débat public et libre défense. C'est un principe que l'article 75 lui-même a respecté, puisqu'il n'autorise pas le Gouverneur à ordonner *la surveillance pénale, celle de la haute police*, mais *la simple surveillance*.

Ce principe, M. le gouverneur l'a violé ouvertement. Il a fait acte d'autorité judiciaire en prononçant *une peine*. Il s'est substitué aux juges naturels du prévenu, qu'il a mieux aimé frapper administrativement que de le faire poursuivre et condamner par justice, si quelque délit avait été commis qui tombât sous l'application des lois répressives.

Et devant quel tribunal Valery Agathe a-t-il été traduit, en échange de ses juges naturels? Devant le conseil privé où siégeaient, avec le gouverneur, M. Nogues, son neveu, procureur-général, et M. de Rosily, à la fois accusateur et juge, puisque l'arrêté a été rendu sur sa proposition!

Déjà, en mars 1833, un autre citoyen appartenant à la classe de couleur, le sieur William, marin, domicilié à Saint-Pierre, fut cité devant le conseil privé, sous la prévention *d'avoir provoqué le sieur Hardi, d'avoir tenté ensuite à deux reprises différentes de vider la querelle en combat singulier*, et *enfin d'avoir plus tard* TOISÉ D'UNE MANIÈRE OFFENSANTE *le sieur Hardi, qui passait dans la rue*. Ce sont les termes mêmes de la décision du gouverneur, rendue en cette circonstance, le 5 mars 1833. C'est pour ce fait énorme, d'avoir *toisé* un blanc, qu'on voulait aussi déporter administrativement le sieur William.

Aujourd'hui c'est pour avoir menacé le suborneur de sa femme, et son débiteur refusant un paiement légitime, qu'on déporte administrativement le sieur Valery Agathe!

Voilà dans quels abus, dans quel oubli des plus

simples notions du juste et de l'injuste, peut entraîner l'exercice de prétendus pouvoirs sans frein et sans limites précises. Voilà comment l'autorité pour ainsi dire souveraine confiée aux gouverneurs, sous prétexte du plus grand avantage des colonies et des Français qui les habitent, peut se trouver au service des passions et des haines de castes ou d'individus.

On sait au reste si ces passions et ces haines vivent long-temps au cœur de certains colons, et si elles abandonnent facilement les victimes qu'elles ont désignées. Plusieurs des déportés de 1824 ont été compris ou compromis autant qu'il s'est pu faire dans le procès de la Grand'Anse. Tous les magistrats métropolitains suspects aux yeux de la faction antisociale tant de fois signalée, après avoir été traduits devant ce conseil privé où siége M. Nogues, chef de la magistrature, ont été chassés, eux aussi, *à coups de fourche*, et poursuivis jusqu'en France par les ressentimens de leurs persécuteurs. Quant à l'exposant, échappé, sans doute par les soins de la Providence, à ses assassins du 12 décembre 1831, parmi lesquels figurait le commis à la police du Vauclin, et qui le réduisirent par trois blessures profondes à une incapacité de travail de plus de vingt jours, il devait expier par des persécutions nouvelles son salut inespéré et le châtiment pourtant si léger de ses trois assassins (1). Mais contre l'arrêté dénoncé, il lui reste

(1) La procédure de cette affaire fut instruite par M. Hermé Duquesne, embarqué pour avoir, peu de temps après, dîné avec des hommes de couleur.

la protection de la mère-patrie ; il lui reste son recours auprès de vous, monsieur le ministre, et sa ferme espérance dans votre loyale équité.

A CES CAUSES, l'exposant supplie qu'il vous plaise, monsieur le ministre, solliciter de sa majesté l'annulation de l'arrêté de M. le gouverneur de la Martinique, en date du 1er août 1834, conformément à l'article 80 de l'ordonnance du 9 février 1827 ; sous toutes réserves de se pourvoir, s'il y échet, devant l'autorité compétente, afin de mise en jugement, soit de M. le gouverneur, soit de M. de Rosily, pour obtenir contre eux la responsabilité de leur acte, prévue par l'article 81 de la même ordonnance.

Déposé le 18 Octobre 1834.

AD. GATINE,

Avocat aux conseils du roi et à la cour de cassation.

www.ingramcontent.com/pod-product-compliance
Lightning Source LLC
LaVergne TN
LVHW010342230826
846091LV00009B/4001

* 9 7 8 2 0 1 9 9 7 3 4 2 1 *